토마토 그 붉은 시간

열린시학 기획시선 89

토마토 그 붉은 시간

남민옥 시집

고요아침

■ 시인의 말

그 길
플라타너스는 구름 속까지 자랐으나
나는 그곳을 떠나지 못했다
버릴 것도 버리지 못했다
주머니 속에 서툰 문장만 쌓여갔다
문은 반쯤 열려 있었고
저녁은 어두워지지 않았다
어느 날 그 길에 가보니
나무도 구름도 사라지고
붉은 해만 그대로였다
다시 길 위에 서 있다
그 붉은 시간 위에

2016년 3월
남민옥

■ 차례

시인의 말　　　　　　　　　　　　　　　　05

제1부 토마토 그 붉은 시간

초록의 힘	13
풍란을 품다	14
동심원을 그리다	15
토마토 그 붉은 시간	16
연잎밥	18
목섬	19
주목, 그 곁에	20
창호지를 바르며	21
아득히 먼	22
달맞이꽃 피다	24
꽃 진 자리	25
태동	26
지하철	28
부복	29
들길에서	30
모딜리아니의 눈	31
휴전선, 그 벽	32

제2부 대나무에 기대다

대나무에 기대다	35
백련	36
적멸 · 1	37
적멸 · 2	38
부레옥잠	39
인간화석	40
절규	42
독목	43
겨울 선운사	44
라자로 마을	46
사과를 꿈꾸다	47
또다시 겨울이 오다	48
사라지다	50
구름의 집	51
수단의 슈바이처	52
스마트폰 그녀	53
드라이플라워	54

제3부 먼 그늘

와당	57
폭설	58
분실	59
꽃의 기원	60
먼 그늘	61
빗장 소리	62
귀뚜라미 우는 날	63
기억이 슬다	64
흐르는 물	66
무궁화 꽃잎 속에	67
꽃피는 봄	68
수련	69
빗살무늬토기의 시간	70
은수저	72
백양사에서	73
가을 등대를 만나다	74
억새	75

제4부 바람의 무늬

입춘	79
소금광산	80
달팽이집	82
닦다	83
시월은 소리도 없이	84
겨울 이야기	85
12월은	86
두타연에 가다	87
바람의 무늬	88
나무를 만나면 나무가 되고	89
안면도	90
숭어	91
민들레	92
다시, 봄	93
선사유적지에서	94
하늘	95
새털구름	96
■해설_먼 곳에 대한 경외와 초록의 힘, 그 성찰적 자세	98

제1부
토마토 그 붉은 시간

초록의 힘

여름을 빚는다
이른 봄부터 상생相生의 빛깔로 무늬를 짠다

길마다 푸르게 북돋우리
촘촘해진 무늬 위로 깊어가는 계절
하루해 길어지는 하지쯤 되면
나무는 가장 시원한 그늘집을 짓는다

오랜 사랑은 넓은 그늘을 가졌다고
초록이 지난 자리마다
크고 작은 잎사귀들 사부작거리고
세상의 빛깔을 에두르는 손
풀잎이며 나무에 가만히 다가가
한 계절을 완성한다

한 말씀 떨구고 가는
여름날 말매미의 우렁찬 목청
초록에 담글 일이다

풍란을 품다

햇빛에 당당하게 내민
그 뿌리에 반해 풍란을 들였다
흰 뿌리는 늘 바람에 기대고 싶어 했다
보드랍고 따뜻한 이끼 속에 묻어 놓으면
어느 틈에 나란히 이끼를 비집고 나왔다
바람에 하얀 뿌리를 적시며
지극스레 꽃을 피우기도 했다
괭이갈매기 파도 소리 묻혀오는
바닷가 바위틈이 그립다고 했다
바다가 보이는 작은 오두막에서
바람의 소리들 모아
정결한 꽃 같은 시를 품고 싶다고 했다
바람을 견디지 못하면서도
바람을 그리워하는
그녀, 풍란을 품다

동심원을 그리다

삼백 년을 살았다는 느티나무
보이지 않는 시간까지
넓은 품에 촘촘히 담고 있다

그 오랜 시간을 찾아서
나무를 한 바퀴 돈다
해를 따라 천천히 돈다
나무의 둥근 결이 보인다

오래 전
나도 아주 작은 원이었다
나를 그린 것도 원이었다
동그란 무늬 짙어갈 무렵
둥글어진 내 안에
또 하나 작은 원을 그렸다

내가 그린 동그라미들
켜켜이 결 고운 무늬 되라고
나무를 따라 걷는다

토마토 그 붉은 시간

아침마다 붉은 토마토를 갈았네
잘 씻은 토마토를 끓는 물에 넣으면
얇은 껍질마저 스스럼없이 벗어버렸네
한쪽에서 붉은 해가 솟아올랐네
곱게 갈아진 토마토를 컵에 부었네

단단했던 붉은 살
잘록한 유리잔에 제 몸을 맞추었네
뼈대는 하나도 남지 않았네
둥그렇게 제 몸만들기까지
붉게 익을 때까지의 낮과 밤
어느새 걸쭉한 주스가 되어있었네
망설임이 없었네
오랜 햇볕과 바람과 빗소리,
저물도록 아려오던 심장

두 손으로 그 시간을 따뜻이 데워주고 싶었네
너와 나의 침묵이 잠깐 동안 애틋해지는 아침

말 안 해도 들리는 소리를 들을 수 있었네
가만히 하루가 시작되는 식탁에 앉았네
그림자도 따라와 앉았네

연잎밥

갓 쪄낸 연잎을 조심스레 펼쳤다
밤 잣 대추가 어우러진 노르스름한 찰밥
한 알 한 알이 모두 어머니 말씀이다
밥 한 덩이 남김없이 먹고 나니
이제 내 나이도 꽤 배부르다
어머니 사랑법은 늘 밥이다
더 먹거라, 밥을 덜어주시며
자식들 짜증은 말없이 어머니가 드신다
고소한 한 끼 밥이 되시고
따뜻한 그릇이 되어 늘 등 뒤에 계시던
어머니는 이제
밥알 몇 알 말라붙은 연잎이 되고
우리는 혼자서도 넉넉히 배부르다고
가끔씩 어머니를 그리워한다

목섬

바다가 집이지만
뭍이 그리워 뭍을 바라보며 산다
바다에도 길이 있어
하루에 한 번 흰 목떼미 드러날 때마다
언제나 발보다 마음이 먼저 문을 연다
썰물에 굳은 발바닥까지 드러난다
바위틈에 붙어있는 굴 껍데기의 시간
철썩이며 오고 가는 파도에
슬쩍 울음을 섞어 보내기도 한다
갯벌 위 치열한 문장들이 있다
바지락이 써놓은 문자와
사람이 새겨놓은 문자를 해독하다 보면
해는 어느새 중천에 있다
길은 닫히고
갯벌을 오가던 사람들 떠나고
다 읽지 못한 문장도 사라진다
그는 다시 섬이 된다

주목, 그 곁에

초여름 덕유산을 오르다
푸른 나무들 사이
세월에 검게 그을린 고사목을 보았다
가만히 그 곁에 다가가 본다
물기 없이 단단한 등이
하늘을 향해 꼿꼿하다
풍상에 뭉툭해진 가지들이
더욱 빛나는 나무
구름은 둥근 나이테만큼 흘러가고
빗물은 땅을 녹일 듯 수없이 지나갔을
갈라진 나무 틈새로 보이는 시간
오래도록 한자리에
뼛속 깊이 맑은 바람의 길에
하나의 풍경이 되어
슬픈 빛깔이 된 나무
그 등에 기대 본다
아버지의 등이다

창호지를 바르며

화단에 국화 한 포기
초연히 늦가을을 바라볼 무렵
삼백예순다섯 날 구멍 숭숭 뚫린
문살에 창호지를 바른다
일 년 동안 손때 타고 삭아버린
묵은 창호지는 미련 없이 뜯어냈다
문고리 옆에 국화잎을 몇 개 넣으니
달빛은 꽃잎이 되어 머물어도 좋겠다
둥글고 환한 햇빛만 스며들어
사는 일이 햇살처럼 맑겠다
찬바람은 그냥 지나가겠다
문고리 얼어붙는 겨울이 와도
따뜻한 문 하나 있으니
얼마쯤 슬픔은 잊고 살겠다

아득히 먼

봄날 보원사지에 갔네

바람은 바람에게
바람은 또 바람에게
빛바랜 단청과
명징한 풍경 소리와
늙은 회화나무 이야기를 전해주었네

묵묵히 천 년을 지켜온 석탑 앞에서
세월이 지나간 흔적을 보았네

보이는 것보다
보이지 않는 것이 더 많은 폐사지
돌조각 하나 주워 가슴에 담았네
무한의 시간이 들어왔네

네 안에도 아득히 먼 시간이 있네
그리움에 기울어진

돌탑 하나

절터 앞 실개천에
무진 세월이 흐르고 있었네

달맞이꽃 피다

달의 숨소리를 듣는다

늦은 저녁
발끝으로 사그라지는 시간
들판은 어두워진다

달빛 그림자를 따라다니며
피운다, 꽃

천변에는 달을 품은 뿌리들의 적막
고요하고 소란스럽다

어둠 번지고 생이 깊어가는
한밤중
노오란 솟대로 서서
살갗 깊이 상형문자를 새긴다

꽃잎 연다

꽃 진 자리

햇볕 바른 베란다에서 겨울을 난 영산홍
2월부터 하나 둘 봉우리를 맺더니
화분 가득 앙증맞은 연분홍 꽃을 피웠다
오며가며 눈길을 잡던 꽃잎을 바라보다
3월도 다가 4월이 되니
그만 꽃이 하나 둘 지기 시작한다
화분을 살 때
'꽃 지고 나면 꽃 진 자리를 따 줘야 내년에 꽃을 많이 봅니다'
꽃집 아저씨의 말이 생각나
오늘은 맘먹고 앉아서 꽃 진 자리를 딴다
자잘한 꽃이 많이도 피었던 꽃받침
꽃 진 자리를 따다가 문득 생각한다

내 꽃 진 자리는 누가 따줄까

태동 胎動

나는
유월의 장미꽃처럼 붉고 보드라운 방에 살아요
연둣빛 세상을 기다리는 손톱만 한 새싹이에요

가만히 귀 기울여 보세요
누군가의 목소리가 들려요
나는 듣고 있다고 톡톡 신호를 보내요

아주 가까운 거리에 그리움이 있어요
내게 말이 주어지면 가장 먼저
하고 싶은 말이 무엇인지 아시죠
붉은 입술을 오므렸다 열면
세상에서 가장 아름다운 말을 할 수 있대요
(따라해 보세요, 어엄마…)

나는 아직 이름이 없어요
나이도 없어요
그런데 느껴요

들려요

내가 태어날 세상에 비가 오나요
낮과 밤은 몇 발자국쯤 되나요

지하철

지상에서 지하로 내려가는
긴 계단을 펼친다
블랙홀로 빠져 들어가는 작은 별들
에스컬레이터를 밀고 간다
지하 세계는 수많은 별이 모여드는
또 하나의 우주다

지층이 쉬지 않고 움직인다
밝은 어둠에 익숙해진 별들
무수하게 반짝이기 시작한다
스마트폰을 하나씩 움켜쥔 행성들
나란히 서서 어디로 가나

2호선에서 3호선으로 이어지는
별들의 행렬은 끝이 없다
나도 별과 별 사이를 지나며
두고 온 머나먼 지구를 생각한다

부복俯伏
— 사제로 가는 길

가장 낮은 문이 열리는 순간이다
무릎 꿇고 엎드리지 않으면
들어가지 못하는 문
낮게 더 낮게 부복俯伏하며
가장 비천한 사람으로 살겠다는 약속

순명과 일치의 빛
흰 제의를 입고
차디찬 땅에 엎드려 있다
세상의 시계는 멈추었다
하늘과 땅 사이 정적이 흘렀다

깊은 침묵의 바닥에서
천천히 일어설 때
다시 태어나는 겸손과 섬김의 세계
시몬 사제
그리스도의 제자 되어 가는 날
눈앞이 밝아지는 흰빛을 보았다

들길에서

풀숲에서 야생화를 만나면
나도 모르게 허리가 굽혀진다

그 여린 줄기에
꽃피고 지는 일이 아득해서
작은 꽃잎에 담긴 숭고함에
눈 맞추는 순간
꽃도 제 속을 열고 나를 반긴다

들길에서 만나는 세상에
눈과 마음을 씻고
들길에서 배우는 가벼운 삶에
가만히 욕심 하나를 내려놓는다

모딜리아니의 눈

눈동자를 찾아 헤맨 적이 있네
비어있는 눈 속으로
흘러온 강물
바닥에 흘러넘칠 때까지
내 눈이 텅 비어있는 줄 몰랐네
창백한 얼굴 위로 하루가 지나고
또 다른 하루가 지나갔네
내 목은 날이 갈수록 길어졌네
어두운 얼굴이 가득 찬 방안
포기할수록 길어지던 손끝
날카로워진 선線만 남은
푸른 화폭 속 우울한 세계
나는 보이지 않았네

파리하게 흰 손이 찾아 헤매던
그 눈동자
어디에 있나

휴전선, 그 벽

돌아선 등이
높은 산등성이보다 가파르다
절벽을 흐르던 폭포도 말라버렸다
눈 속에 덮여서
봄이 올 때만 기다리는
노루귀꽃
바위틈 젖은 이끼
골짜기는 지금도 겨울이다
산길 가다 보니
모퉁이 길에
의자 하나 놓여있다
어떤 벽에도
들창 하나는 있다

제2부
대나무에 기대다

대나무에 기대다

죽녹원에 갔다
한낮의 푸른빛이 잎마다 넘실거린다
습한 흙냄새를 따라
곧게 뻗은 정갈한 숲이
강물로 흐르고 있다
하늘 향한 마디 그 어디쯤
깊게 엎드린 그늘
목울대를 지나며 머뭇거리던 소리
마디마다 걸려있다
잎은 쉼 없이 자라나는데
맑은 노래는 댓속 깊이 갇혀 있나
비워낸 곧은 줄기
눈과 비 삭아 울이 되고
쇄쇄 잎을 스치며 넘나드는
바람의 소리를 꿈꾸는 나무
기대어 나도 바람이 된다

백련

유월 한낮

열기 고스란히 받으며

생의 순간을 깊이 새기고 있네

잡히지 않는 어두운 물속에서

단단히 피워 올린 몇 장의

꽃잎

저 백지 위에 쓴 말

여름내

묵언의 빛이 되고 있네

적멸寂滅 · 1

 무거운 침묵은 공간을 가득 메우고 두 세계가 번뇌에 들어갔다 절명의 순간, 자신의 몸을 거쳐 간 분신을 보며 인연의 애착을 놓지 못해 안간힘을 다해 버티고 있는데 흘리는 눈물 뒤로 보이지 않는 세계가 슬며시 다가왔다 마지막 숨을 내쉬자 따스했던 숨이 멈추며 한 세계가 완전히 사라졌다 말은 끝내 언어가 되지 못했다

 가만 일어나서 서쪽으로 머리를 돌려드렸다

적멸寂滅 · 2

  시간은 등만 내놓고 가만히 엎드려 있었어 그 위로 바람이 지나갔어 강물도 나무도 지나갔어 바람은 바람을 놓아주고 나무는 나무를 놓아주고 강물은 강물을 놓아 주었어 가만히 엎드려 있던 그녀의 시간은 무엇을 놓아주고 싶었을까 황사로 뿌연 허공을 바라보다 닫았던 허공 열던 날 시간이 시간을 놓아주고 있었던 거야 허공을 보면 자꾸만 무언가 찾아오고 싶어져 목구멍에 갇혀 나오지 못한 문장, 그리고

  쉼표 하나

부레옥잠

물 위로 불어나는 뿌리
쉴 새 없이 수반을 채워 가는데
물이 서서히 말라간다는 걸 알았다
한 방울의 물을 찾기 위해
숨도 아끼며 쉬던 때
거꾸로 매달려 본 일이 있다
허공을 바라보니
꽃대가 보였다

보랏빛 꽃이 흔들리고 있었다

인간화석

아침 일찍 정원의 올리브나무에 물을 주었다
개미들의 긴 행렬이 지나갔다
식탁에 앉아 그를 기다리는 아내와 두 아들
빵과 가룸과 과일샐러드가 차려진 식탁
아침은 늘 평안을 기원하는 기도로 시작되었다
식사 후 원형경기장으로 갔다
맑았던 하늘에 어두운 구름이 빠르게 늘어가고 있었다
공원 입구 도시의 수호신인 비너스 상
여신의 몸 위로도 구름의 그림자가 지나갔다
건너편 포도밭에서 포도송이가 뚝뚝 떨어졌다
거센 회오리바람에 바커스 신상이 쓰러졌다
정오가 지나자 화산재가 하늘을 가렸다
베수비오 화산이 폭발했다
검은 재가 도시의 모든 것을 덮었다

타락한 도시에서 도시보다 더 타락한
손으로 입과 코를 막고 신을 원망하며 죽어간
누가 지금 자신의 화석 앞에 서 있나

폼페이전을 보러 간 날
웅크린 사람 캐스트 앞에 움직일 줄 모르는 남자

절규

팽목항에 비가 내린다
수심 깊은 바다 끌어안고서
하늘도 절규하고 있다

4월의 빗줄기
말 없는 바다를
세차게 흔들고 있다

애타게 부르는 소리
혼자 돌아오는 길가
목이 아프도록 울음 삼키는
소리만 가득하다

빠른 걸음으로
어서 돌아오너라
비 맞으며 기다리고 있다
하늘 가득
노란 나비 날아오른다

독목禿木

 지난해 봄 오랜만에 전화를 하신 선생님, 안부 끝에 "언제 올래?" 하신다 꼭 오라는 말씀 같다 3월에 한 약속을 지키지 못하고 5월 스승의 날을 앞두고 찾아뵈었다 파킨슨병을 앓고 계신 선생님, 댁으로 찾아가겠다고 했는데도 불편한 걸음으로 지팡이를 짚고 역에 나와 계셨다 그 모습이 낯설어 눈물이 났다 처음으로 선생님께 큰절을 했다 식사를 하고 다시 돌아오는데 우리가 안 보이도록 한참을 그 자리에 서서 움직일 줄 모르셨다 다시 돌아보니 멀리 앙상한 나무 한그루 서 있다

 그해 가을 선생님의 부음을 들었다

겨울 선운사

겨울 햇볕은 무슨 사연으로
푸른 동백가지에
머무르는지

빛 고운 단청은 무슨 인연으로
여기 기와 밑에 와서
머무르는지

눈 녹아 질퍽한 뜨락에
바람은 왜 쉬지 않고
오고 가는지

돌 빛조차 사위어가는
낮은 돌계단
돌아보니 까마득한 하늘
높이를 알 수 없는 키 큰 나무들

한 발 다가서면

주저앉을 것 같은 산사의 풍경
한 발 멀어지면 보이지 않아

어디에도 이름 남기지 말고
돌아가라
돌아가라 하네

라자로 마을

  길마다 꽃들이 먼저 반기고 벚나무 가지 위 새들 날아가지도 않고 꽃을 삼키며 운다
  볕 좋은 마을 언덕에 앉아있는 진달래 그리고 할머니 한 분, 진달래 꽃잎 닮은 작은 손이 아리다 가벼이 목 인사를 하고 지나가는데 고운 자매님 그 옆에 앉으신다

  꽃들이 세상을 향해 눈을 뜰 때 난 어느 곳을 보며 눈을 떴나 꽃 한 송이 피우지 못하면서 빈 마음으로 기도만 했다 사람보다 꽃과 새들이 더 많이 모여든 마을, 부끄러움 얼굴에 나타날까 고개 숙이고 걷는데

  냉이꽃 닮은 수녀님 웃으며 지나가신다

사과를 꿈꾸다

한가위를 보내고
남은 과일 중
아직 둥그런 달만큼
동그란 사과를 자른다
중심,
조그만 씨들이 단단하게 박혀있다
새콤하고 달콤한 살을 다 내어주고도
마지막 꿈이 도사리고 있다

한가위 수십 년 지나도
한 개의 사과처럼 여물지 못했다
단단하지 못한 살에 상처만 늘어갔다
바람과 햇볕과 새의 부리를
온몸으로 이겨낸 후
비로소 사과는 둥글게 익어가는 것을
사과 한쪽을 입에 넣으며
또 하나의 중심을 꿈꾼다

또다시 겨울이 오다

떠나지 못한 잎새 하나
마른 나뭇가지 위에 앉아 있다

스산한 바람 한 점
허공에 집을 짓는다

푸드덕 겨울새 한 마리 날아든다
새들의 안부를 묻는다
세상의 안부를 묻는다

움츠린 사람들의 모습
짧아진 햇빛도 위태롭다

꿈속에선
꽃들이 피고 지는데
첫서리 내린 뜨락에
꽃들의 그림자 짙다

겨울엔 들판도 메마른 소리를 낸다
너, 나, 우리 모두
따뜻한 시절로 돌아가고 싶은 마음이다

사라지다

어린 날 놀던 맑은 개울물
어디로 흘러갔나
씻은 듯 희고 고왔던 돌
모두 어디로 갔나
물 밑 환히 들여다보이던 냇가
몰려다니던 송사리 떼 어디로 갔나
물잠자리 앉아 쉬던 개울녘의 물봉선
어디로 가서 피고 지나

고마리, 패랭이꽃 피어나던 흙길에
시멘트로 다진 신작로가 생겼네
밤이면 달맞이꽃 피어나 아늑했던 길은
인공 공원이 되었다네
진달래, 찔레꽃 무성했던 뒷동산도
울긋불긋 집들이 늘어가네

여름밤 밝히던 고운 반딧불이
옛길 찾아올 수 있으려나

구름의 집

그날은 비, 눈물의 기억은
늘 어느 막다른 골목에서 멎어요
잠자코 어두워지던 저녁이 뿌리를 내리고
골목은 밤이 되고
어둠에 날개 바랜 푸른 나방
날아들던 가로등 아래
고흐의 '별이 빛나는 밤'이
하늘을 덮어 푸른 밤
작은 집마다 작은 별이 떠서
은하수로 흐르던 길
웃자라 잎 무성한 플라타너스
아래로 숨어들었지요
차가운 이슬방울 나뭇잎에 떨어지던
소리 들었나요
골목길 달리던 수많은 별이나 빗줄기들
다 어디 모여 있나요
해 좋은 날 둥실 떠 있는
구름의 집에 차곡히 쌓여 있나요

수단의 슈바이처

모래 한 알 한 알이 울고 있다
톤즈강이 슬픔을 앓고 있다
가장 피폐한 땅을 찾아가
등대가 되었던 이태석 신부
가슴에 어떤 꽃씨가 있었길래
가장 낮은 마을로 달려가
꽃을 피웠나
빛이 없던 아이들에게
빛이 되었나
어두운 땅에 등불이 되려고
그렇게 세상 환하도록 웃었나
톤즈의 친구가 되어
메마른 땅에 희망의 노래를 심어놓고
하늘로 떠난
48세의 젊은 신부를 잊지 못해
톤즈 강이 울고 있다

스마트폰 그녀

183그램의 우주
그녀의 이름은 우주다
클릭할 때마다 나타나는 세상
그 안에 천국과 지옥이 있다
언젠가부터 그녀가 없으면 불안하다
소통의 시간이 늘어 갈수록
점점 나와 닮아가는 그녀
나보다 나를 더 잘 아는 그녀
'오늘 무슨 약속이 있더라'
순간,
내 일정을 나보다 더 많이 기억한다
지난해 돌아가신 엄마도
그녀 안에선 살아계시다
푸른 하늘 은하수 하얀 쪽배엔
지금도 엄마는 노래를 하시고
꽃무늬 티셔츠를 입고 웃고 계신다
오늘도 그녀를 앞세워
세상 속으로 걸어간다

드라이플라워

벽에 걸린 마른 꽃 한 송이와
문득 눈이 마주쳤다
먼지 앉은 꽃잎 사이로
푸른 정맥이 살아날 듯하다
꽃 너머 시간 속에는
나를 찾아온 날들의 메모가 있으리라
꽃의 빛깔 닮은 마음도 있으리라
기억 속에서 웃고 있는 꽃을 본다

한 해의 시간을 벽에 걸어 놓는다
비늘처럼 반짝였던 시간들이
곱게 말라 먼지로 덮일 즈음
꽃을 닮았던 시간을 추억하리라
이미 향기가 사라진 기쁨이나 슬픔도
담담히 바라볼 수 있을 것이다
다만 꽃잎이 시간의 흔적을
기억하고 있을 것이다

제3부
먼 그늘

와당瓦當

연화 무늬 와당을 본 날
내 기억 어딘가
비슷한 각인이 있을 것 같아
살피고 만져본다
그 빛깔과 무늬
어느 땅에 살았을까
먼 기억 속 시간을 찾아가는 일이
내 전생을 찾아가듯 스산하다
한때 지붕 한 편에서
일가를 이루고 살았을 와당
옅어지고 빛바랜 와당의 시간을
거슬러 올라가는
침묵의 시간 내내
발해의 꿈을 꾼다
이렇게 아린 무늬는 처음이다

폭설

집 한 채 사라지고 난 빈 땅에
온종일 눈이 내린다

그 눈 말갛게 녹아 강으로 갈 때까지만
그 시간을 그리워하기로 한다

아늑했던 뒤뜰은 개미에게 주고
잔뿌리 깊어가던 도라지꽃 가슴에 묻고
백일홍 선연한 꽃빛은
빈 땅에 되돌려 주리라

내가 떨어뜨린 씨앗 한 톨
나와 놀던 나비의 애벌레도
이 겨울을 견디고 있느냐

오래전 신발 가득하던 댓돌 위로
지금도 자꾸 쌓여가는 눈

분실

순간에 사라졌어요
시간을 잃어버렸다고요
문이 열려 있었냐고요
문이 있어도 닫히지 않았어요
저 길로 나가더니 돌아오지 않아요
잡을 새 없이 놓쳐버렸어요
어디 가서 찾나요
빛깔이 없으니
나무 위에 걸려 있어도 찾지 못해요
냄새도 없거든요
내가 싫어하는 진한 향수라도
묻혀 놓을 걸 그랬나 봐요
허공으로 날아갔나
땅속으로 스며들었나
내게서 사라진 시간
빈자리마다 주름이 생겼어요

꽃의 기원

꽃밭 하나 있었네
꽃들은 제각기 제 이름으로 피어나
이름 없는 꽃은 없었네
제 모습 기억하는 뿌리들이
끊임없이 꽃을 만들어 냈다네
이름은 달라도 빛깔은 달라도
한 땅에서 나란히 세상을 살았네
제 자리에서 제 빛깔로 제 크기로 피어
피고나면 모두 아름다운 꽃
사람도 꽃처럼
한 꽃밭에서 긴 계절 같이 살았다면
꽃 지도록
꽃처럼 살아야겠네
새는 운다고 해도
꽃이 운다는 말 하지 않는 것은
어느 꽃도 울고 있는 걸
바라지 않기 때문이라네

먼 그늘

오래된 나무절구를 아세요
고방 옆 벽에 기대고 있던
허리만큼 오던 절구통엔
살굿빛 풍경들이 담겨 있습니다
사람들이 떠나고 난 뒤
버려진 시간을 다 품고 있네요
가만 다가가 만져보면
벽에 남아있는 낙서보다 먼저
뿌옇게 쌓인 먼지를 털고 일어섰지요
집과 한 몸이 되어
집을 떠나지 못했던 그녀처럼
혼자 집을 지키고 있네요
그 여인,
효부상 타다 마루 한쪽에 놓고
뒤꼍으로 가 먼 산 바라보았던 날도
나무절구 벽에 기대어
가만히 지켜보고 있었지요

빗장 소리

대문은 크고 당당했다
겨울나무 같은 을씨년스러움은
뒤에 가려 보이지 않았다
낮이면 반쯤 열려있을 때가 많았다
꼭 닫혀 안마당이 보이지 않을 때면
비로소 굳게 닫힌 어둠이 눈앞으로 다가왔다
대문을 열고 들어서면
멀리 뒷산 소나무 숲이 먼저 들어왔다
남은 식구들이 둘러앉은 저녁 무렵
둥근 소반 앞에서 바라보는 문은
쓸데없이 커보였다
높은 문지방에 걸려 넘어진
무릎의 아픔 너머 누가 있었던가
하루 일을 마친 어머니는 늘 어둠을 뚫고
마지막으로 대문의 큰 빗장을 걸었다

문득, 지금도 빗장소리 들린다

귀뚜라미 우는 날

장롱 속에 귀뚜라미 한 마리 있다
문득 귀를 기울이면 귀뚤귀뚤
순하디 순한 소리로 운다
결혼하던 해 가을
긴 편지를 보낸 엄마
내 딸 보아라
시부모께 잘해라
남편한테 잘해라
몸 성히 잘 지내라
가을밤 뒤곁 툇마루에서 듣던 소리다
바람 불고 조급한 계절 오가고
장롱 속에 오래 간직한 편지
삼십 년 넘어 누렇게 바래도
평생 순하게 사신 엄마는 바래지 않고
귀뚤귀뚤 순하게 살라신다

기억이 슬다

윗방에는 어머니의 삼층장이 있다
장롱 문을 열면
오래된 옷에서 스며 나오는 묵은내와
차곡차곡 개놓은 옷에서도
좀약 냄새가 났다
윤기 나던 양단 치마저고리와 자주색 비로도 한복
어머니의 삶은 군데군데 좀이 슬어갔지만
장롱 속은 새색시 가마 타고 널미재 넘어오던
그 맘으로 단단히 무장되었다
늦가을 우수수 떨어져 누운
나뭇잎 세월을 보내고
울타리 밖을 잊은 채송화 어머니
아들딸 생일을 잊으시더니
당신 나이도 잊은 지 오래다
어머니는 늘 조심스럽게 말을 건넨다
애 우리 아침 먹었니?
같은 얘기를 몇 번이고 반복하시다
이내 생각을 놓아 버리신다

어머니의 기억 속 어디부터
좀이 슬기 시작했을까
살아온 시간을 하나둘 내려놓으시는데
지금 어머니의 눈빛은 다시 봄이다
좀약을 넣는 것은 잊어버리셨어도

흐르는 물

봄이면 살구꽃 날리던 집
살구나무 두 그루, 그리고 삼대가 모여
꽃잎처럼 북적이며 살았네
마을 겹겹이 둘러싼
도랑과 개울물에 발 담그고
살구꽃 여물듯 살았던 우리
꽃잎을 머리에 인 어머니
온종일 꽃밥을 지어 날랐네
어머니의 꽃밥을 먹고
어느새 강물이 되었네
우리는 모두 흘러가는 물이라네
갈수록 여울지며 깊어가는 물

무궁화 꽃잎 속에

일제에 나라를 뺏기던 날
이 땅에서 뿌리 뽑히고 불태워진 나라꽃
가슴에 피 흘리며 무궁화를 지키신 분
홍천군 서면 모곡학교의 남궁억 선생님
그리고 외삼촌 이기섭 선생과 동료 선생님들
행여나 우리 땅에 나라꽃 사라질라
시골 길 구석구석 길목마다
무궁화 묘목을 심으시다
억울하게 옥고를 치르시고
만주 땅으로 떠나신 외삼촌
고향을 지척에 두고도 오고 가지 못하고
멀리 타국에서 생을 마감할 때
내 나라, 부모 형제 얼마나 그리웠을까

지금도 어머니 가슴에
애타게 살아 있는 이름
무궁화, 무궁무진 피어나야 할
우리 민족의 꽃
외삼촌 꽃

꽃피는 봄

봄에는 웃고 있을 때도, 울고 있을 때도 꽃이 핀다

봄 밥상에 올릴 냉이 한 줌 사 들고 들어올 때도
개나리 꽃망울 볼록하게 가지 끝에 솟아오르고
하얀 달래 뿌리 다듬다 고향 들녘을 떠올릴 때도
저 아래 목련나무 가지에서 흰 꽃이 핀다

하얗게 빤 옷가지 아침 햇살 아래 널 때도
벚나무에선 꽃봉오리 톡톡 터지고
아침마다 현관문 앞에서 사랑하는 사람과
잠깐의 이별을 나누는 순간에도
진달래 저만치서 분홍빛으로 수를 놓는다

아버지 꽃수레 타고 떠났던 날에도
내 언니 꽃바람 타고 떠나간 날에도
무심하게 꽃향기 흩날리더니
그 먼 기억도 이슬이 되고
그리움으로 피어오르는 봄

봄에는 웃고 있을 때도, 울고 있을 때도 꽃이 핀다

수련

한여름 연못 위
고운 꽃신
어느 여인의 것이기에
저리 고울까
물로 세례하고
물로서 수행하니
그 마음 또 얼마나
가벼울 것이냐

발길 닿는 곳마다
맑은 물 고이고
꽃 주고 잎 주고
뿌리까지 내어주니
어머니 참 여인의 삶
따가운 날에도 단아하게
은은한 향기로 날 반겨주네

빗살무늬토기의 시간

암사동 선사유적지에서 빗살무늬 새겨진 토기를 보았지
까마득한 육천 년 전 투박한 질그릇에 촘촘히 무늬를 입힌 옹기장이

영원의 무늬를 꿈꾸었을까
무지개와 문살무늬와 화석이 된 물고기의 뼈
빗금을 보고 있으면 땅 위를 사선으로 달리는 빗줄기가 보이고
강가에 군락을 이루고 있는 억새밭이 보이고
움집에 내리는 햇살도 보였지

빗금이 늘어갈수록 몸이 밝아지던 토기들

씨줄과 날줄의 선과 선이 비밀스럽게 어우러진
빗살무늬토기의 시간
천 년에서 또 천 년으로 넘어가기를 몇 번이었는지
암흑 속에서 상처 또한 얼마나 깊었는지
긴 머리 빗던 얼레빗, 빗살과 빗살이 어우러져 하나를 이루듯이

소박한 그릇에 빗금을 그을 때면

그는 철새처럼 더 살기 좋은 세상을 꿈꾸며 공중을 날아다녔는지도 모르지

은수저

얼굴빛이 어둡다
검게 얼룩진 그 내막
어디를 다녀왔나
치열하게 앓고 난 자국이다
부드러운 헝겊으로 닦아 준다
여기저기 홈집 난 곳
새살 돋기를 기다린다

백양사에서

백양사 풍경風磬에 잠시 머문 날
수천 년 지키고 선 바위산이
먼저 마음에 다가와 안긴다

운문암의 고요가 하늘을 나는데
어디선가 구성진 가락이
갈참나무 마른 잎 위로 날아든다

천 년의 시간을
한 자리에 풀어놓으니
비로소 길이 보이는 듯한데

찰나를 살고 갈
참 가벼운 인생의 발자국
바람 속
풍경소리를 스치며 간다

가을 등대를 만나다

가을엔 바다로 가야겠다
지나가는 사람 하나 없더라도
한 마리 물새 되어
홀로 바다를 지키는 등대와
동무 해야겠다

이 가을,
하늘은 자꾸 멀어지고
내 기억은 봄눈처럼 사그라지는데
파도와 함께 부서지는 시간을
지켜봐야겠다

바람이 묻더라도
그냥 웃고 말아야겠다
등대처럼 홀로 넓은 세상 바라보며
쌓여가는 생의 물음표
바다에 던져 봐야겠다

억새

베일 듯 날카로웠다
풀도 꽃도
가까이 가기가 어려웠을 것이다
그래서 더 외로웠을 것이다

강한 척 곧은 줄기
저만큼 떨어진 언덕에서
사람 사는 마을 내려다보며
종일 휘청거리고 있다

늦가을 날
푸석한 흰 머리
갈바람에 이리저리 날리며
<u>스스스</u> 울고 있다

제4부
바람의 무늬

입춘

문을 열고 성큼 들어선다
올해도 그대가 넉넉히 보낸
풍성한 덕담 한 바구니
기쁨은 이렇게 슬며시 온다

어제부터 길 저편에
동풍이 깨어나 앉았다
긴 겨울 숨죽이고 얼어있던
단단한 땅 녹아 흐르겠다

밤새 해님이 바라본
붉은 매화나무 한 쌍
겨우내 눈 속에 잘 계셨는지
이제 온몸으로 열꽃 피우며
봄을 맞겠다

소금광산*

단단한 소금벽에
헤아리지 못할 시간이 쌓여있네
오래전 이 길을 흘러갔을
멀고도 아득한 시간의 묶음
어둡고 좁은 통로를 지날 때
한 덩이 소금이 된
늙은 광부의 시간을 보았네

땅속 깊은 지하 어두운 방
희미한 불빛 아래 고여 있는 건
고생대古生代의 침묵인가
바다가 쏟아낸 눈물과
한 번 들어가면 다시 나가지 못했다는
짜디짠 말들의 눈물도 스미든
소금벽

그 벽은 차고 어두웠네
시작과 끝을 알 수 없는 곳에서

살아있는 소리만
벽에 부딪혀 돌아오고
시간은 참았던 긴 숨을
쏟아내고 있었네

* 폴란드 비엘리치카 소금광산.

달팽이집

그가
풀빛 바람에게 의자를 내어주고 돌아왔다
자작나무 숲
오래 머물렀던 곳이나 언제나 낯설었던
눈비와 바람에 맨몸으로 맞서야 했던
자잘한 기억까지 겹겹이 안고
안개를 앞세우고 돌아왔다
중심에서 서서히 멀어지자
해와 달과 친구가 되었다
삶은 가슴만큼의 높이로 흐른다는 걸
배우고 있다
그리고 느린 걸음으로
하루하루가 다르게
거실에서 방으로, 방에서 주방으로
영역을 넓혀가고 있다
네 개의 촉수로 시간을 더듬으며 멋쩍게
자주 웃는다
그는 이제서야 꼼꼼히 집을 읽고 있다

닦다

물소리
그릇 소리

요란하게 한 시절이 지났네

설거지 끝내놓고
가만히 들여다보네

온갖 쓰임이 끝난 후
찾아온 고요

침묵 속의 자유
그릇이 명상에 드네

시월은 소리도 없이

가을빛에 소리 없이 찾아든 시월
국화꽃을 피운 햇살은 산자락에 머물고
농부들 한 해 그을음 뒤에 넉넉함이 머문다

서풍은 익다만 감나무 위에서 쉬다가
저 하늘 보이지 않는 별 가까이 머물다
누구의 가슴으로 스며드는지

한 발 더 가까이
텃밭 고랑 사이로 주저앉은 그리움
짧아진 하루해 목이 마른 지
나무는 푸른빛을 떨구고 있다

겨울 이야기

바람은 나무 위에 겨울을 놓고 갔다
지난 계절의 꿈들은 뼈만 남아 앙상하고
욕망처럼 주저리 달렸던 잎사귀
가슴 한구석에 쌓여 썩어갔다

고향 집 따뜻한 아랫목에서
청국장 익어가던 날도 겨울이었다
시린 날
따스함이 더욱 그리운 세상을
푸근한 담요 한 장으로
발효시킬 순 없을까

가난한 거리의 노숙자들 위로
첫눈이 온다
세상을 다 가리지 못하는
얇은 옷이 젖고 있는데
거리의 불빛은 더욱 소리 높여
겨울을 노래하고 있다

12월은

12월 너는
마지막까지 사랑하여야 할
내 안의 나

흐린 하늘이 눈발을 몰고 오는 날도
새해가 기다리고 있어 외롭지는 않지만
저무는 저녁노을처럼 붉게
가슴에 모닥불을 피워야 하는 달

창문에 서린 하얀 성에
화단의 마른 나뭇가지에도
겨울의 적막이 깊어가는데

마지막 한 장 남은 달력 속
미룰 수 없는 약속들이
눈처럼 쌓여가고 있다

두타연에 가다

아리도록 푸르다
청정한 산빛
오래도록 비워둔 산하

붉은 문패
—지뢰—가 이 땅의 주인인 듯
철조망 안은 여전히
금지구역

하얀 갯돌 위에 어리는
바람 한 줄기
잔잔한 냇물 속 열목어의 자유로운 유영은
살구나무 아래 살았던
누군가의 그리움이다

고요한 숲
노루가 다녀가는 산길을
천천히 걸어본다

바람의 무늬

바람이 지난 자리를 보다가
슬픔이 고인 자리를 본다
바람이 풀잎을 흔들며 가듯이
슬픔은 누구라도 흔들고 간다
모든 지나간 시간 뒤에는
씨줄과 날줄로 엮어진
바람의 무늬만 남는다
슬픔도 삭혀져 바람이 된다

꽃샘바람 심하게 불던 어느 해
두 분이 홀연히 떠나셨다
갑자기 해와 달 사라지고
대낮도 밤인 듯 살았다
텅 빈 하늘에 모래바람이 일었다
그때 한 올 한 올 짜내려 간
타클라마칸 사막의 무늬가 있다
그 무늬 꺼내어
가만 만져볼 때가 있다

나무를 만나면 나무가 되고

자연휴양림에 들어서니
나무들의 입김이 양식이다

주린 삶을 위해 큰 숨을 들이쉬면
묵은 체중은 나무들이 가져간다

허공으로 뻗은 가지
그늘도 의연하다

나무와 면벽하고 걷는 산길에선
발자국도 풀잎이다

나무를 만나면 나무가 되고
꽃을 만나면 꽃이 된다

길에서 길을 만나고
산에서 비로소 산을 본다

안면도

바닷바람에 움츠린 꽃샘추위도
파도에 묻혀버린 싸락눈도
스스로 잦아드는
3월 안면도

사람들은 겨울옷을 벗지 못하고
여린 햇살로 언 손을 녹이고 있다

모두들 알 수 없는 수평선의 거리와
가슴으로 밀려오는 무수한 포말에
말을 잇는다

밀물에 묻어온 무성한 바다의 언어와
기다림이 굳어져 섬으로 남은
할매 바위의 전설과
갈매기 날아들어 해조음 삼키는 소리 듣는다

파도는 수평선 바라보며 돌아서 가고
나는 모래 깊숙이 긴 겨울을 묻고 온다

숭어

펄떡펄떡 뛰는 숭어를 가지고 왔지
살아있는 비늘들이 미세하게
떨고 있는 게 보였어
수어秀魚가 왜 숭어가 되었나
쓸 데 없이 그런 거나 생각하다가
팔팔하게 살아있는 저 몸이 끔찍해
미뤄둔 채 하루가 지났어
검푸르게 빛나던 비늘들
차츰 어두워지는 게 보였지
어쩌라고 그 숭어의 눈을
나는 식탁에 올리는 대신
검은 봉투에 넣어 깜깜한 바다로 보냈어
아무도 모르게

그리운 바다에 닿았을까
경쾌하게 뛰어노는
슈베르트의 '숭어'를 듣다가
숭어를 가지고 왔던 너의
푸른 바다 빛 시간이 생각났어
빛바랜 숭어의 시간

민들레

민들레, 민들레가 좋아
그 말을 듣고부터
그 애가 민들레로 보이기 시작한다
들길에 쪼그리고 앉아 가만히 들여다본다
샛노랗게 빛나는 꽃잎이
볼수록 애잔하다

단단한 땅에 뿌리내릴 때
얼마나 힘들었느냐
뾰족한 잎은 왜 그렇게 쓴 것이냐
한 달 두 달 열두 가닥이 넘는
꽃잎을 피워 올릴 적
숨 가쁘게 고달팠을 날들
노랗게 노랗게 물들었을 꽃아
하늘을 보아라
꽃들의 생이 우리의 모습이다

돌 틈에 어느새 홀씨가 된 민들레
가볍게 날기 위해 제 몸을 말리고 있다

다시, 봄

햇살은 까치발로 등까지 와 닿아
얇아진 옷솔기로 스며들고
긴 겨울을 앓던 난 촉은
두 마디쯤 키를 키웠다

나무들은 물관부를 따라 흐르는
봄의 소리를 듣고
봄나물이 향긋하니 입술을 연다

문득,
뒷동산 진달래 꽃잎에 어리는
그리움도 피어나는 봄

올봄엔 단단한 아스팔트에도
풀잎 하나 솟았으면 좋겠다
외로운 사람들 가슴에도
아기자기한 봄꽃이 피었으면 좋겠다

선사유적지에서

암사동 유적지에 갈 때는
선사시대의 고요를 마음에 새기고 가시라
육천 년 전 이곳은 말과 글 없이 살았던 땅
갈대로 엮은 움집에 갈대 옷을 입어도
슬픔을 몰라 슬픔이 없던 곳이다

선사의 땅을 디딜 때는
눈먼 욕심을 내려놓고 가시라
그물 쳐서 하루 먹을 물고기만 잡고
들판의 열매는 여럿이 나누며
해와 달을 따라 둥글어지는 곳이다

선사유적지를 가시면
빗살무늬 토기를 아껴가며 보시라
투박한 그릇에 그려 넣은 무늬
토공의 진지한 눈빛이 살아 있는 곳이다

하늘

한 점
흰 구름
흘러가는 길

생각도 마음도
가벼이

그 길
무색 신 신고
흐르고 싶어라

거기
맑고 푸른
세상 있으려니

새털구름

허공에 떠 있는 너는
날마다 떠날 준비를 한다

날개 단단한 새가 되어
수평선을 지나
지구를 한 바퀴 돌고
날아가서
하늘에 닿고 싶었나

가벼운 흰 깃털
나란히 펴고
가을 하늘 언저리
자유로이 떠다니는
옅은 구름 하나

비상하는 새는 어디까지 갈까

너는
가벼이, 높이
날고 싶은 새였나 보네

■해설

먼 곳에 대한 경외와 초록의 힘, 그 성찰적 자세

이지엽

시인·경기대 교수

　남민옥 시인의 작품은 단정하다. 시적대상에 대한 묘사가 주제의 선명함으로 이어진다. 주제의 방향은 크게 보아 세 방향인데 '아득히 먼' 곳에 대한 경외와 사랑을 지나 '토마토의 붉은 시간'의 초록 힘을 거쳐 '사과 한 쪽' 중심과 중심 바깥의 성찰적 자세를 보여주고 있다. 이 흐름은 자연스럽게 과거—현재—미래라는 시간대를 형성하고 있어 견고한 시의 뿌리를 형성하고 있다.

1. '아득히 먼' 곳에 대한 경외와 사랑

　　연화 무늬 와당을 본 날
　　내 기억 어딘가
　　비슷한 각인이 있을 것 같아
　　살피고 만져본다

그 빛깔과 무늬
어느 땅에 살았을까
먼 기억 속 시간을 찾아가는 일이
내 전생을 찾아가듯 스산하다
한 때 지붕 한 편에서
일가를 이루고 살았을 와당
옅어지고 빛바랜 와당의 시간을
거슬러 올라가는
침묵의 시간 내내
발해의 꿈을 꾼다
이렇게 아린 무늬는 처음이다

―「와당 瓦當」 전문

 와당은 암키와와 수키와가 형성한 기왓골과 기왓등의 가장자리로 빗물이 스며들지 않도록 막음하는 막새기와이다. 암키와는 평와당이라고 하며, 수키와는 원와당이라고 한다. 평와당에는 당초무늬가, 원와당에는 연화무늬가 주로 사용되었다고 한다. 시인이 원와당의 연화무늬를 보고 자신에게도 이런 "옅어지고 빛바랜 와당의 시간"이 있으리라는 상상을 하게 된다. 이 역사적 상상력은 단순한 차원의 관심이 아니라 "발해의 꿈"을 통해서 보듯 우리 역사에 대한 정곡을 찌르고 있다. 잊어지고 있지만 가장 원대하고 아픈 부분이 바로 발해의 역사이기 때문이다. 벽사 이우성 교수가 명명했듯 잊어진 '북국'의 인식을 시인은 명료하게 원와당의 연화무늬를 보고 떠올리고 있는 것이다. 가장 먼저 기와를 사용한 고구려의 원와당은 연판무늬를 새기고 세로줄을 낸 것이 특징이다. 백제와당은 온화하고 부드러운 느낌을 준다. 통일신라시대에는 연꽃무늬 이외에 보상화무늬가 많이 나타난다. 고려시대 원와당은 꽃잎 수가 많아져 국화와 같은 통일신라 말기의 연판무늬를 계승했다. 그러므로 시인이 보고 있는 것은 아마도 고구려의 원와당에 가까웠을 것이다. 중요한 것은 이를 보고 "이렇게 아린 무늬는 처음이다"라고 느낀 부분이다. 아리다고 하는 것은 사랑이 있고 그에 대한 경외감이 있기 때문일 것이다. 다시 말하면 시인은 우리 전통과 역사에 대해 각별한 경외와 애정을 가지고 있음을 알 수 있다.

오래된 나무절구를 아세요
고방 옆 벽에 기대고 있던
허리만큼 오던 절구통엔
살굿빛 풍경들이 담겨 있습니다
사람들이 떠나고 난 뒤
버려진 시간을 다 품고 있네요
가만 다가가 만져보면
벽에 남아있는 낙서보다 먼저
뿌옇게 쌓인 먼지를 털고 일어섰지요
집과 한 몸이 되어
집을 떠나지 못했던 그녀처럼
혼자 집을 지키고 있네요
그 여인,

> 효부 상 타다 마루 한쪽에 놓고
> 뒤꼍으로 가 먼 산 바라보았던 날도
> 나무절구 벽에 기대어
> 가만히 지켜보고 있었지요
>
> ―「먼 그늘」전문

　시인의 인식은 이처럼 오래된 것, 역사적인 것에 기저를 두고 있다. 말하자면 우리의 전통문화에 대한 바탕을 소중하게 생각하고 있는 것이다. 전통傳統은 일반적인 의미로는 습속習俗이 전대前代로부터 후대後代로 전해지는 것으로서, 동시에 시간적·공간적 구조를 제시하기 마련이다. 이 경우에는 단순한 습속만이 아니라 정신적·문화적인 것이 한 세대로부터 다음 세대로 전해지는 것까지를 의미한다. 문화는 이 전통을 바탕으로 하여 성립된다. 창조적인 문화는 전통 가운데에서 뛰어난 것을 추려내어 이를 새로운 상황 속에서 살려내는 것인데 시인은 오래된 나무절구를 통해 이러한 인식을 얘기하고자 한다. "버려진 시간"과 "뿌옇게 쌓인 먼지"를 통해 이 나무절구의 존재가 얼마나 한미하고 퇴락한 실체라는 것은 미루어 짐작할 수 있다. 그렇지만 거기에는 "살굿빛 풍경들이 담겨 있"고 "집과 한 몸이 되어/ 집을 떠나지 못"해 "혼자 집을 지키"는 오롯함이 있다. 이 오롯함이 결국 시인을 지키는 정신적 지주의 역할을 하고 있는 셈이 된다.

> 암사동 선사유적지에서 빗살무늬 새겨진 토기를 보았지

까마득한 육천 년 전 투박한 질그릇에 촘촘히 무늬를 입힌 옹기장이

영원의 무늬를 꿈꾸었을까
무지개와 문살무늬와 화석이 된 물고기의 뼈
빗금을 보고 있으면 땅위를 사선으로 달리는 빗줄기가 보이고
강가에 군락을 이루고 있는 억새밭이 보이고
움집에 내리는 햇살도 보였지

빗금이 늘어갈수록 몸이 밝아지던 토기들

씨줄과 날줄의 선과 선이 비밀스럽게 어우러진
빗살무늬토기의 시간
천 년에서 또 천 년으로 넘어가기를 몇 번이었는지
암흑 속에서 상처 또한 얼마나 깊었는지

긴 머리 빗던 얼레빗, 빗살과 빗살이 어우러져 하나를 이루듯이
소박한 그릇에 빗금을 그을 때면

그는 철새처럼 더 살기 좋은 세상을 꿈꾸며 공중을 날아다녔는지도 모르지
― 「빗살무늬토기의 시간」 전문

'빗살무늬토기'는 BC 4000년경부터 만들어진 것으로 추정되며 즐문토기라고도 한다. 도토리 모양의 뾰족밑 형태와 납작밑의 바리형토기가 있는데. 뾰족밑토기는 서해안을 중심으로 남

해안지역에까지 퍼져 있고, 납작밑토기는 동해안을 따라 분포한다. 시인은 이를 통해 "빗금이 늘어갈수록 몸이 밝아지던" "씨줄과 날줄의 선과 선이 비밀스럽게 어우러진/ 빗살무늬토기의 시간"들을 얘기한다.

「선사유적지에서」와 「아득히 먼」 작품 등도 이러한 인식 가운데 창작된 작품이다. 전자의 작품은 「빗살무늬토기의 시간」의 연장 위에 있는데 "철새처럼 더 살기 좋은 세상"이라는 인식과 맥을 같이 한다. '선사유적지'는 "육천 년 전 이곳은 말과 글 없이 살았던 땅"이고 "갈대로 엮은 움집에 갈대 옷을 입"고 살았던 곳이지만 "슬픔을 몰라 슬픔이 없던 곳" "해와 달을 따라 둥글어 지는 곳"임을 강조하며 "눈먼 욕심을 내려놓고 가시라"고 권면한다. 「아득히 먼」 작품에서는 보원사지에서 "보이는 것 보다/ 보이지 않는 것이 더 많은 폐사지"의 묵묵하고 무한한 시간의 흔적을 더듬으며

> 돌조각 하나 주워 가슴에 담았네
> 무한의 시간이 들어왔네
>
> 네 안에도 아득히 먼 시간이 있네
> 그리움에 기울어진
> 돌탑 하나

절터 앞 실개천에
무진 세월이 흐르고 있었네

― 「아득히 먼」 후반부

"그리움에 기울어진/ 돌탑 하나"를 새기고 있다. 이 안에 시인은 자신의 영혼을 불어넣는 작업을 하고 있다. 시인의 작품이 단정하면서도 단단하게 보이는 것은 이러한 노력의 소산이라고 보아도 좋을 것이다.

2. '토마토의 붉은 시간'의 초록 힘

남민옥 시인의 작품은 생태시의 특징적 면모를 잘 보여주고 있다. 생태주의는 근대의 인간중심, 이성중심, 주체중심에 기초한 기술문명과 폭력적인 자본주의에 대항하는 거대 담론이자 새로운 유토피아를 꿈꾸는 사회·문화적 운동으로 광범위한 담론체계를 형성해오고 있다. 이 범주 안에서 생태와 환경, 생명을 구분함으로서 생태와 환경이 개념의 차이로 인해 생태 문학에 포함시키기 어려웠던 '환경시'를 생태주의 문학의 범주 안에 끌어올 수 있게 되었다. 생태시와 생명시를 구분하여 사회생태주의와 심층생태주의 혹은 영성 생태주의를 세밀하게 구분하여 담을 수 있게 되는 장치를 마련할 수도 있지만 남민옥 시인의 시에서 생태성은 이러한 구분이 별로 큰 의미를 지니지는 못한다. 시인에게 있어 생태주의는 생태와 환경의 변별적인 차이에서 태동된 것이라기보다 생래적인 의미에서 친자연적인 성향을 보여주고 있기 때문이다.

> 여름을 빚는다
> 이른 봄부터 상생相生의 빛깔로 무늬를 짠다
>
> 길마다 푸르게 북돋우리
> 촘촘해진 무늬 위로 깊어가는 계절
> 하루해 길어지는 하지쯤 되면
> 나무는 가장 시원한 그늘집을 짓는다
>
> 오랜 사랑은 넓은 그늘을 가졌다고
> 초록이 지난 자리마다
> 크고 작은 잎사귀들 사부작거리고
> 세상의 빛깔을 에두르는 손
> 풀잎이며 나무에 가만히 다가가
> 한 계절을 완성한다
>
> 한 말씀 떨구고 가는
> 여름날 말매미의 우렁찬 목청
> 초록에 담글 일이다
>
> ―「초록의 힘」 전문

「초록의 힘」에서 자연이 여름을 빚어내는 것은 지극히 자연스러운 운행을 통해 얻어진다. "이른 봄부터 상생相生의 빛깔로 무늬를" 짜서 "나무는 가장 시원한 그늘집을 짓는"다는 것이다. 이것이 사람들의 환경파괴나 자연이 갖는 치열한 생명성에서 인식되는 것이 아니라 "풀잎이며 나무에 가만히 다가가/ 한 계절을 완성"하는 완전한 존재자로서의 자연을 의미하고 있다고 볼 수 있다. 생래적인 의미에서 친자연적인 성향이라는 의미는 이를 의미한다. "오랜 사랑은 넓은 그늘을 가졌다고/ 초록이 지난 자리마다/ 크고 작은 잎사귀들 사부작거"린다는 진술적 표현이 "세상의 빛깔을 에두르는 손"의 거대함과 어울려 유장함을 더해준다.

이 초록의 힘은 여자의 힘이기도 하며 아버지의 힘이기도 하다. 여기 그것을 잘 보여주는 두 편의 작품이 있다.

> 햇빛에 당당하게 내민
> 그 뿌리에 반해 풍란을 들였다
> 흰 뿌리는 늘 바람에 기대고 싶어 했다
> 보드랍고 따뜻한 이끼 속에 묻어 놓으면
> 어느 틈에 나란히 이끼를 비집고 나왔다
> 바람에 하얀 뿌리를 적시며
> 지극스레 꽃을 피우기도 했다
> 괭이갈매기 파도 소리 묻혀오는
> 바닷가 바위틈이 그립다고 했다
> 바다가 보이는 작은 오두막에서
> 바람의 소리들 모아
> 정결한 꽃 같은 시를 품고 싶다고 했다

바람을 견디지 못하면서도
바람을 그리워하는
그녀, 풍란을 품다
- 「풍란을 품다」 전문

초여름 덕유산을 오르다
푸른 나무들 사이
세월에 검게 그을린 고사목을 보았다
가만히 그 곁에 다가가 본다
물기 없이 단단한 등이
하늘을 향해 꼿꼿하다
풍상에 뭉툭해진 가지들이
더욱 빛나는 나무
구름은 둥근 나이테만큼 흘러가고
빗물은 땅을 녹일 듯 수없이 지나갔을
갈라진 나무 틈새로 보이는 시간
오래도록 한자리에
뼛속 깊이 맑은 바람의 길에
하나의 풍경이 되어
슬픈 빛깔이 된 나무
그 등에 기대 본다
아버지의 등이다
- 「주목, 그 곁에」 전문

자연이 갖는 두 속성이 섬세함과 강인함이라면 전자의 작품은 섬세함에 후자는 강인함에 더 가깝다고 할 수 있을 것이다. 「풍란을 품다」에서 "보드랍고 따뜻한 이끼 속에 묻어 놓으면/ 어느 틈에 나란히 이끼를 비집고 나"와 "지극스레 꽃을 피우기도"하지만 "바닷가 바위틈이 그립"고 "바다가 보이는 작은 오두막에서/ 바람의 소리들 모아/ 정결한 꽃 같은 시를 품고 싶"은 것은 여성의 섬세한 서정성이 세밀하게 표현되고 있다. 이는 「주목, 그 곁에」 작품에서 "하늘을 향해 꼿꼿하"거나 "오래도록 한자리에/ 뼛속 깊이 맑은 바람의 길에/ 하나의 풍경이"된 나무의 정서와는 상당히 다르다. "꼿꼿"함이나 "오래도록 한자리" 혹은 "뼛속 깊이"의 단어들이 주는 강직함과 인고의 정신이 남성성의 한 극점을 보여주기 때문이다. 그러기에 "아버지의 등"이라는 표현은 매우 적절하다고 볼 수 있다. 반면에 "슬픈 빛깔이 된 나무"라는 표현에서 오히려 역설적인 느낌이 든다. 강직함이 지니는 외로움을 더욱 극적으로 표현하고 있는 것 때문일 것이다.

아침마다 붉은 토마토를 갈았네
잘 씻은 토마토를 끓는 물에 넣으면
얇은 껍질마저 스스럼없이 벗어버렸네
한쪽에서 붉은 해가 솟아 올랐네
곱게 갈아진 토마토를 컵에 부었네

단단했던 붉은 살
잘록한 유리잔에 제 몸을 맞추었네

≫뼈대는 하나도 남지 않았네
둥그렇게 제 몸만들기까지
붉게 익을 때까지의 낮과 밤
어느새 걸쭉한 주스가 되어있었네
망설임이 없었네
오랜 햇볕과 바람과 빗소리,
저물도록 아려오던 심장

두 손으로 그 시간을 따뜻이 데워주고 싶었네
너와 나의 침묵이 잠깐 동안 애틋해지는 아침
말 안 해도 들리는 소리를 들을 수 있었네
가만히 하루가 시작되는 식탁에 앉았네
그림자도 따라와 앉았네

―「토마토 그 붉은 시간」 전문

　시집의 표제작 역시 생태학적인 관심이 잘 반영된 작품이다. 토마토의 과즙으로 삶의 시간들을 풍성함으로 채울 수 있다는 것은 그만큼 자연이 주는 은혜에 충만함을 소중히 여긴다는 것이다. 이 자연에는 "오랜 햇볕과 바람과 빗소리,/ 저물도록 아려오던 심장"이 있기 때문에 어떤 물질보다도 소중한 자산이 될 수 있는 것이다.

　초록의 힘을 보여주는 생태학적인 경향의 작품들은 「연잎밥」, 「달맞이꽃 피다」, 「대나무에 기대다」, 「꽃 진 자리」, 「백련」, 「부레옥잠」 등이 있다.

「연잎밥」에서는 밥 한 덩이에서도 늘 사랑을 부어주시던 어머니를 그리워하고, 「달맞이꽃 피다」에서는 달맞이 꽃잎이 피는 과정을 "어둠 번지고 생이 깊어가는/ 한밤중/ 노오란 솟대로 서서/ 살갗 깊이 상형문자를 새긴다"고 표현하고 있다. 「대나무에 기대다」에서는 "비워낸 곧은 줄기/ 눈과 비 삭아 울이 되고/ 쇄쇄 잎을 스치며 넘나드는/ 바람의 소리를 꿈꾸는 나무/ 기대어 나도 바람이" 되고 싶은 시적자아의 마음이 잘 형상화 되고 있다. 「백련」에서는 "잡히지 않는 어두운 물속에서/ 단단히 피워 올린 몇 장의/ 꽃잎"을 통해 "여름내/ 묵언의 빛"을 새기며 삶의 좌표를 새롭게 설정하며 있는 모습이, 「부레옥잠」에서는 "한 방울의 물을 찾기 위해/ 숨도 아끼며 쉬던 때/ 거꾸로 매달려 본 일이 있"음을 상기하며 쉴 새 없이 수반을 채워가는 뿌리가 물이 필요하듯 생의 고비에 꼭 필요한 존재가 있음을 역설하고 있다.

3. '사과 한 쪽' 중심과 중심 바깥의 성찰적 자세

물소리
그릇 소리

요란하게 한 시절이 지났네

설거지 끝내놓고

가만히 들여다보네

온갖 쓰임이 끝난 후
찾아온 고요

침묵 속의 자유
그릇이 명상에 드네

− 「닦다」 전문

이 작품은 '설거지'를 대상으로 창작되기는 했지만 실제의 내용은 우리의 삶과 관련이 있다. 살아가다보면 우리의 삶은 "물소리/ 그릇 소리/ 요란"한 '한 시절'이 있기 마련 아니던가. 시인은 '설거지'를 끝낸 후 "침묵 속의 자유"를 통해 생을 조용히 성찰한다. 이 성찰적 자세로 인해 시인은 명상의 세계로 나아가고 삶이 "가슴만큼의 높이로 흐른다"는 사실을 더 절실하게 깨닫는다.

한가위를 보내고
남은 과일 중
아직 둥그런 달만큼
동그란 사과를 자른다
중심,
조그만 씨들이 단단하게 박혀있다
새콤하고 달콤한 살을 다 내어주고도
마지막 꿈이 도사리고 있다

한가위 수십 년 지나도
한 개의 사과처럼 여물지 못했다
단단하지 못한　살에 상처만 늘어갔다
바람과　햇볕과 새의 부리를
온몸으로 이겨낸 후
비로소 사과는 둥글게 익어가는 것을
사과 한쪽을 입에 넣으며
또 하나의 중심을　꿈꾼다

―「사과를 꿈꾸다」 전문

　사과를 통해 그 씨가 박힌 중심을 희원하는 마음을 형상화하고 있다. "새콤하고 달콤한 살을 다 내어주고도/ 마지막 꿈이 도사리고 있"는 중심을 희원하는 것이다. 그 중심에는 "조그만 씨들이 단단하게 박혀있다" "바람과 햇볕과 새의 부리"들로 하여 살에 상처가 늘어가면 갈수록 씨는 더 견고하게 박혀 여물어갈 것이다. 그러나 시인은 그 중심이 모든 것을 지배하는 것은 아니라는 것을 알아간다. 사회가 필요하듯 "바람과　햇볕과 새의 부리"는 어디서나 있을 수밖에 없고 살의 상처도 서민이라면 모두가 겪어나가야 하기 때문이다. 중심 바깥을 시인은 이렇게 보여준다.

그가
풀빛 바람에게 의자를 내어주고 돌아왔다
자작나무 숲

오래 머물렀던 곳이나 언제나 낯설었던
눈비와 바람에 맨몸으로 맞서야 했던
자잘한 기억까지 겹겹이 안고
안개를 앞세우고 돌아왔다
중심에서 서서히 멀어지자
해와 달과 친구가 되었다
삶은 가슴만큼의 높이로 흐른다는 걸
배우고 있다
그리고 느린 걸음으로
하루하루가 다르게
거실에서 방으로, 방에서 주방으로
영역을 넓혀가고 있다
네 개의 촉수로 시간을 더듬으며 멋쩍게
자주 웃는다
그는 이제서야 꼼꼼히 집을 읽고 있다

― 「달팽이집」 전문

    세상은 넓고 언제나 낯선 모습을 보여준다. 그래서 우리의 삶은 "오래 머물렀던 곳이나 언제나 낯설었던/ 눈비와 바람에 맨몸으로 맞서야 했"다. 부딪히며 깨어지고 그래서 상처투성이의 아픈 삶을 살아가면서 "자잘한 기억"을 "겹겹이 안고/ 안개를 앞세우고 돌아"올 수밖에 없는 존재들인 것이다. 젊을 때 사람들은 모두가 '중심'이 될 수 있다고 믿는다. 그러나 "중심에서 서서히 멀어지자/ 해와 달과 친구가 되"기 시작한다. 중심보다는 바깥의 삶에 대해 소중함을 느끼기 시작하는 것이다. 주변적인 것에서 점점 벗어나 삶의 경계를 넓혀나가면서 살아간다.

> 얼굴빛이 어둡다
> 검게 얼룩진 그 내막
> 어디를 다녀왔나
> 치열하게 앓고 난 자국이다
> 부드러운 헝겊으로 닦아 준다
> 여기저기 흠집 난 곳
> 새 살 돋기를 기다린다
>
> —「은수저」전문

우리들이 살아가는 현실은 어둡고 "검게 얼룩진 내막"을 다 지니고 있다. 어떤 때는 "치열하게 앓"아야 한다. "부드러운 헝겊으로 닦아"내지만 "여기저기 흠집 난 곳" 투성이다. 짧은 시 안에 생의 모든 애환과 아픔을 우려 넣었다. 그러면서 "새 살 돋기를 기다린다". 그러고 보면 우리 모두가 '은수저' 같은 존재들이 아닌가.

남민옥 시인의 작품은 정직하다. 기교를 애써 부리면서 현혹하지 않는다. 그만큼 진정성이 있다는 얘기다. '아득히 먼' 곳으로부터의 경외감이 있는 것은 뿌리에 대한 자긍과 이 터전에 대한 애착으로부터 발현되는 것일 것이다. 이 자긍심은 '토마토의 붉은 시간'의 초록 힘을 거쳐 '사과 한 쪽' 중심과 중심 바깥의 성찰적 자세에 이르기까지 촘촘하게 연결되고 있다. 시인의 자세는 하나의 흐트러짐 없이 시대를 잘 견인하고 있다. 법고창신法古創新이라고 하지 않았던가. 전통과 문화에 대한 견고한 인식은 현재적인 초록의 생태 숲을 지나 미래의 성찰까지 잘 이어지고 있는 것이다. 시대에 대한 깊은 고민을 늘 함께하며 지금처럼 단단한 시 정신을 지니고 시적 긴장을 계속 이어나가길 진심으로 바라면서 이글을 마친다.

남민옥

경기도 가평 출생이며 1993년 ≪문예사조≫ 신인상으로 작품활동을 시작했다. 시집으로 『바람에게 길을 묻다』(2005) 외 다수의 공저가 있다. 한국현대시인협회 이사이며 강동문인협회 부회장, 한국문인협회와 한국가톨릭문인회 회원으로 선시문학상을 수상하였다. lily3267@naver.com

열린시학 기획시선 89

토마토 그 붉은 시간

초판 1쇄 인쇄일 · 2016년 03월 04일
초판 1쇄 발행일 · 2016년 03월 14일

지은이 | 남민옥
펴낸이 | 노정자
펴낸곳 | 도서출판 고요아침
편 집 | 박은정, 김남규

출판 등록 2002년 8월 1일 제 1-3094호
03678 서울시 서대문구 증가로 29길 12-27 102호
전화 | 302-3194~5
팩스 | 302-3198
E-mail | goyoachim@hanmail.net
홈페이지 | www.goyoachim.com

ISBN 978-89-6039-779-8(04810)

*책 가격은 뒤표지에 표시되어 있습니다.
*지은이와 협의에 의해 인지는 생략합니다.
*잘못된 책은 교환해 드립니다.

ⓒ 남민옥, 2016